Made in the USA
Las Vegas, NV
18 August 2024

94027681R00057